Poesie

per pochi intimi

Dionisio Schiavone

Presentazione

Raccolta di poesie venute da sole, l'una dopo l'altra, un giorno dopo l'altro, a concludere pensieri che giravano nella mente e ponevano domande, proponendo risposte e con quelle nuove domande.

Perché per pochi intimi? Parlare del proprio intimo e ascoltare le intimità degli altri è arte conosciuta a pochi.

Le poesie si rivolgono a chi è abbastanza vicino da avere voglia di ascoltare e di fare uno sforzo per capire, senza aspettarsi che esse svelino la scoperta trascendentale e neanche suonino come "l'accordo da un milione di dollari".

Poesie confidenziali che portano con sé normalità e tormento, temi universali e problemi di poco conto, così come capita nelle occasioni di ogni giorno.

Propongono una lettura semplice e impegnativa nell'attesa che quando il lettore chiude il libro l'ultima pagina letta resti nella sua mente e lo accompagni per un po' di tempo e lo faccia sentire vicino a chi l'ha scritta.

Indice

Una penna e un foglio

E le parole vengono da sole
ad abitare quel foglio bianco
dal fondo dei tuoi sentimenti
e si sistemano l'una accanto all'altra
a volte cambiano posto
a volte si trasformano
a volte si fermano
a volte vanno oltre
a volte trascinano
altre parole che entrano
e le tirano o le spingono
le stirano o le gonfiano
a volte lasciano il campo
e scompaiono.
Poi tutto si ferma.
Leggi e rileggi
e trovi che tutte hanno trovato
il loro posto migliore.
E quando ti rendi conto
che sono loro che ti parlano
e ti dicono, allora sai
che hai scritto una poesia.

Poesie per pochi intimi

A volte sento il bisogno di parlare
a qualcuno che resti in silenzio ad ascoltare
che possa capire tutto subito
ma se non capisce abbia la pazienza di aspettare
e se non capisce nemmeno alla fine
abbia la grazia di perdonare un uomo
che aveva solo voglia di parlare.

La nuova arca

Preparano la nuova arca
per il prossimo diluvio universale.
Si sente nell'aria il presagio del disastro
e si percepiscono gli atti febbrili
delle maestranze impegnate
notte e giorno senza tregua
nella costruzione della grande nave.
Ma non ci sarà posto per tutti
e stanno assegnando i posti di nascosto,
i più furbi e i più lesti si accalcano
e fanno ogni cosa per acquisire meriti.

Non si sa cosa resterà del mondo
dopo il diluvio spaventoso,
non si sa nemmeno se l'arca potrà resistere.
Invieranno alla fine la nuova colomba
e quando quella non tornerà
apriranno le porte e usciranno
ma tutti moriranno l'attimo dopo
appassiti, inadatti alla semplice vita.
Sopravviveranno al grande diluvio
solo gli uomini rimasti fuori dall'arca
che avranno avuto la forza
di resistere alle violente sferzate
con la vera voglia di vivere.

Occhi chiusi

Sento il vuoto con le orecchie chiuse
e lo sento con le orecchie aperte,
vedo nero profondo con gli occhi chiusi
e lo vedo dopo che li ho aperti,
sento il corpo fermo disteso sul piano
e lo sento fermo provando movimenti
sento la pelle fredda del viso immobile
e la sento fredda tentando un'emozione.

E' solo notte, o è questa la morte.

Bene o male

Ancora una volta
riprendo in mano i cocci
e mi rialzo a fatica.
Voglio ancora camminare
seguendo la direzione antica.

Sarà bene, sarà male...
Non lo so.
So che è così
perché voglio lo voglio fare.
E questo sono io.

Le donne salveranno il mondo

Il mondo dell'uomo occidentale
è agli sgoccioli,
manca poco alla fine,
se non si farà niente
per invertire la rotta.
Ma c'è poco da aspettarsi
dagli uomini
quelli che l'hanno portato
allo stadio terminale.
Saranno le donne
a salvare il mondo!

Ma non quelle
che si adoperano con fermezza
a scavalcare uomini e donne
per togliere loro il posto.
Anche loro, le donne-uomo,
spingono il mondo verso la fine.
Saranno le donne
a salvare il mondo,
le donne che avranno
ancora dentro di sé
la forza delle donne.

Ho conosciuto molte persone

Ogni volta è un nuovo soffrire
che genera sgomento
avere di fronte persone
dal fare leggero e gaudente
che si avvicinano con la mira
di carpire qualcosa
alle tue risorse in bella vista
in forma gratuita e facile
e poi vanno via sorridenti
con il bottino nelle mani.

Ma persone importanti
dal cielo cadute ho incontrato
nella mia vita provata
persone che hanno parlato
alla mia anima in crescita
e l'hanno trainata con regali
di valore immenso ed eterno.

E il furbo furtivo non capisce,
prende la crosta giulivo
senza lambire il cuore.

Vorrei essere dimenticato

Vorrei essere pian piano dimenticato
e apparire quando incontro un tale
come uno venuto dal niente
a cui non è necessario sorridere
per far finta di volergli bene
né parlare con ossequio
per osservare finto rispetto.

Vorrei essere scordato
ed essere visto quando incontro qualcuno
come uno mai visto prima
che può dire la sua parola
senza il marchio dell'uomo taciturno
da cui non si aspettano parole
sicuri che non merita ascolto.

E' molto strano

E' molto strano passarti accanto
e sentire che non c'è niente
e che forse non mi vedi proprio
e se pensi, di sicuro pensi
a un altro fisicamente assente
ma padrone dei tuoi pensieri
mentre io fisicamente vicino
sono solo addobbo dello spazio
o forse proprio niente.

E' molto strano scorrerti accanto
cercando l'attrito dei tuoi legacci
che però mancano, mancano,
e vado oltre senza contatto
senza richiamo magnetico
come scivolando su una lastra di ghiaccio,
e non so se i tuoi occhi
mi hanno o non mi hanno visto,
di certo non mi hanno considerato.

Ero a casa mia

Mi sentivo a casa mia
nel calpestare l'erba
e le foglie secche cadute
dagli alberi addossati
mi sentivo a casa
nel trovarmi bagnato
dalle gocce scrollate
dai rami grossi urtati
dall'improvvisa ondata
di vento incostante.

Mi sentivo a casa mia
nel passare davanti
alla porta del vicino
e sbirciare all'interno
per fargli un saluto
e salutare anche il gatto
che bene mi conosce
e mi tocca con la sua coda
ritta e soffice di pelo tigrato.

Era casa mia il mondo,
poi altri si sono dichiarati padroni
non solo di monti e valli
ma anche delle infinite persone,
vantando valori falsi
e monete di valuta inventata,
non è mia l'aria
non è mia l'acqua
non è più mio nemmeno
il flusso dei miei pensieri.

Lucciole per lanterne

L'esaltazione che vi dava
la vista delle lucciole
nella penombra
vi portava a cercare
rime e analogie
nella vostra mente
poetica per declamare
il bello della vita.

Forse però avete preso
lucciole per lanterne
e il sogno è più potente
della vita di giorno,
quando non vedete
le lampadine spente
e non riconoscete
gli insetti della luce opachi.

La poesia è pelosa

La poesia è pelosa
e io come un lupo
a primavera
ho perso il pelo
nella speranza
di rinnovarlo.

Ma anch'io
come il lupo
non perdo il vizio
e con pelo rinnovato
torno ad affacciarmi
all'animo sospeso.

La poesia è misteriosa
è un luogo immenso
il solo posto
dove posso ritrovare
il filo della mia vita,
la poesia è il mio vizio.

L'intelligenza artificiale

Sono entusiasti
nel parlare dell'intelligenza artificiale
non quella che esegue
istruzioni complesse
sempre più complesse
calcoli lunghi e difficili
ma quella che decide
dall'insieme di dati raccolti
quella che pesa gli eventi
e in base al peso stimato esegue
prende autonome decisioni
svincolata dalle istruzioni
di programma
perché le azioni da eseguire
dipendono dai pesi raccolti.

Sono entusiasti
perché pensano di avere inventato
una forza impensabile
un nuovo pensiero.
Non capiscono
che hanno creato
una forza incontenibile
molto forte ma molto stupida,
perché non capisce il senso
dello scopo da raggiungere,
lo scopo che l'intelligenza naturale
ha sempre in primo piano
perché rappresenta il suo benessere
il benessere complessivo
del corpo e dell'anima insieme.

La mia vita ora mi chiama

La mia vita ora mi chiama
alle attenzioni verso me stesso
al tempo che passa per sempre
alle escursioni nel mondo
che mi circonda e mi avvolge.

Ho pensato sempre a qualcuno
che aveva più urgenza di me
a qualcuno da tirare
a qualcuno da assistere
a qualcuno da spingere.

Come una mamma
che allatta i suoi cuccioli
distesa con le mammelle pronte
come una mamma
eppure ero un cucciolo anch'io.

La piramide

Si chiudono nel loro mondo
come defunti faraoni nella piramide
obbligando milioni di schiavi
a trasportare i grandi massi,
si separano da tutto
e dopo che l'ultima pietra
sarà posta improvvisamente
gli schiavi torneranno in libertà.

Dinosauri si estingueranno
perché non avranno più gambe
per portarli altrove
e troppo peso da sostenere
e collo esile per una testa grossa
massiccia d'osso e vuota di pensiero.
Dispoticamente vanno a morire
perché non hanno ragione per vivere.

Il foglio

Un foglio di quaderno
strappato e buttato via
tra i rifiuti era finito
dove tu l'hai recuperato.
raccattato vi hai scritto la tua vita.

Non si accorgeranno forse
dell'assenza di un foglio
quando apriranno il quaderno
per leggere il tema assegnato.

Oppure non vi daranno peso
e andranno speditamente oltre
sicuri che sarà stato
maldestramente sporcato.

Leggeranno il tema
splendido componimento
in bella scrittura erudita
senza alcun cenno alla tua vita.

Scritta su un foglio buttato
con inchiostro sbavato
a volte con sangue umano
stretto forte nella tua mano.

Nessuno ti aspettava
nessuno ti voleva
ma così è la vita
di tanti atti unici condita.

La vita fatta di strati sovrapposti
di atti unici consolidati,
vani e deliranti
i bei temi assegnati.

L'ansia

L'ansia insidia
come cane ringhioso
il gusto della vita.
E' più forte del piacere
ansia di avere
sempre sopra
la voglia di gustare.

Don't worry, be happy

Stai consumando gli occhi
anneriti dalla luce
del tuo dispositivo mobile
ma non temere, non fa niente,
sta arrivando la fine,
anche se opachi
non avrai tempo
per finirli, gli occhi sfocati.

Stai consumando il cuore
infilzato dai rancori
verso gli uomini lontani
ma non temere, non fa niente.
sta arrivando la fine,
anche se malandato
non avrai tempo
per finirlo, il cuore malato.

Stai consumando i giorni
della vita trascinata
a sfuggire mostri
e a rincorrere appigli
ma non temere, non fa niente,
sta arrivando la fine,
sono incerti ma non avrai tempo
per finirli, i giorni contati.

Presto niente ti servirà
perché la fine è vicina
anzi è già qui.

Nell'accozzaglia di grida
di chi ti vuole salvare.
Per sopravvivere
e forse tornare a vivere
impara a sentire chi tace.

Amici

Ho cercato amici oltreoceano
perché attorno a me è tutto arido
ho mandato i miei regali al di là del mare
perché attorno a me nessuno ne vuole.

Tutti contenti di essere soli
intenti ad essere esseri inventati
esseri stralunati pieni di lamento
alla fine di un essere falsificato.

E cerco amici per capire
se ciò che voglio è davvero un abbraccio
se ho ancora forza per tendere le mani
e sentire il solletico che viene dalla pelle.

Occhi di cane

Occhi di cane cercano i miei occhi
le orecchie si muovono al mutare del mio sguardo
occhi vettori di un flusso di intesa
non sono i bottoni cuciti sulle occhiaie degli uomini
come sulle facce delle bambole
oggetti di plastica opaca
incapaci di riflettere una luce
non adatti a trasmettere un segnale.

Cerco i tuoi occhi cane amico
per sentire che ancora c'è un rapporto
con il mio mondo, il mondo della vita.
Gli uomini si sono trasformati in oggetti
oramai oggetti che rispondono fedeli alle onde
dei trasmettitori automatici.
Occhi a 5 hertz, per scodinzolare
alla promessa del nuovo cellulare.

Il fardello

Libero dal peso degli altri
fratelli e sorelle
conoscenti e finti amici.
E' leggera la vita
a guardarla in faccia
senza oppressioni.

Il pericolo è dietro l'angolo
ma se bastano occhi e braccia
ne usciremo fuori.
E se non ce la faremo
non sarà un gran problema
uscire dalla porta principale.

Per lasciare posto ai cinghiali.

La veglia

Sei fermo a osservare il viso del morto
per cercare di capirlo
per capire che è proprio morto.
Hai bisogno della prova,
di quella definitiva, e ancora il dubbio aleggia
tra il tuo sguardo e quello del morto, assente.

Ciò che vi fa diversi è lo sguardo
ciò che vi fa diversi è il dubbio dell'ignoto,
tu col tuo contesto pretenzioso
e lui con la sua fragile fermezza.
Il suo, sguardo pieno di nero profondo,
il tuo, offuscato da grigi e opachi sfondi.

Persona infima

Chiusa nei tuoi pantaloni neri
e nella camicetta di finto rosa,
le mani raccolte e chiuse
sulla pancia gonfia solcata dalla cinta,
chiuse per la paura di perdere qualcosa,
spargi il tuo vomitevole apparire
e aumenta il disgusto
alla vista di un essere viscido
che ha cura solo di se stesso
e del proprio tignoso essere.

Sento il morso che mi hai dato
solo perché ti ero capitato accanto
e hai voluto mettermi in guardia
e non posso chiedertene il motivo
vedendo che gongoli contenta
e fiera del tuo morso acido e ardente.
Persona di infima natura
dovrò tenermi il dolore delle tue zanne
e fare in fretta ad andar lontano,
per non patire ancora un morso.

La sfiga

Hai avuto sfiga a nascere buono,
hai passato tutta la vita
a cercare accordi con le persone
e a ripetere che occorre
amare il prossimo come se stessi,
hai amato gli altri più di te stesso
in ogni frangente
e hai contratto debiti
per dare soldi a chi
aveva sperperato i propri.

Hai avuto sfiga a nascere onesto
in un contesto di opportunisti
e di furbi arraffatori,
lo capisci solo ora dopo tante prove
e chiedi qualche spiegazione
ma tua madre ti risponde
che è solo colpa tua,
è tutta colpa tua,
non hanno colpa gli altri a chiedere,
sei tu sempre coglione a dare.

Un altro San Valentino

Vieni, amore,
festeggiamo
arriva ancora
il 14 febbraio
San Valentino
festeggiamo
perché noi siamo
ancora qui
mano nella mano
siamo ancora qui
a guardarci attorno
ad osservare cosa c'è
oltre noi
un mondo confuso
gente triste
ragazzi stralunati
canzoni monofoniche
voci monoaurali
dissonanti
ma noi siamo qui
ancorati
al nostro amore
fattore
di armonia.

So che ti piacerà

So che ti piacerà
vado a cercarlo lontano
per portartelo in dono
so che non crederai
ai tuoi occhi
quando ti sarà offerto
e ti chiederai
se è proprio per te
sì, per te e solo per te
perché a te piacerà
perché attraverso il mio dono
anch'io
potrò piacere a te,
il dono per me
sarà il tuo irrefrenabile
sorriso.

Ci avviciniamo al fuoco

Timidamente ci avviciniamo
al fuoco dell'amore
scintille sparse sui carboni spenti
che con ventagli annosi
proviamo a ravvivare.

Porgiamo le palme
ai carboni fumosi e ci illudiamo
di sentire pallido calore
ansiosi per il rosso della fiamma
che possa alla fine ritornare.

Forse un ciuffo di paglia
ci può dare una spinta
a sprigionare una vampata
e ad arrossare il carbone,
un fuoco passeggero.

Questo è tutto il nostro amore
debole e provvisorio
di carbone umido
e di paglia leggera
quando ci sfioriamo la mano.

Quelli che... San Valentino

Quelli che aspettano San Valentino per fare l'amore convinti che durerà molto più a lungo, quasi tutto il tempo... uh yee...
Quelli che non fanno l'amore a San Valentino perché già lo fanno tutti i giorni... uh yee...
Quelli che non fanno l'amore perché si amano con il cuore, quelli che hanno l'artrosi, quelli che hanno la cervicale, quelli che hanno la cistite, quelli che hanno la pancia grande, quelli che dicono tanto è lo stesso... uh yee, uh yee...

Quelli che a San Valentino regalano fiori e per sbaglio comprano crisantemi... uh yee...
Quelli che a San Valentino regalano la Ferrari per far vedere che amano molto forte... uh yee...
Quelli che non regalano niente perché basta il pensiero, quelli che non regalano niente perché pensano che è come l'onomastico, quelli che regalano l'accendino ma dicono che fumare fa male, quelli che non sanno che regalo fare, quelli che non hanno i soldi per fare il regalo... uh yee, uh yee...

Quelli che San Valentino è un giorno come un altro... uh yee...
Quelli che ogni giorno è San Valentino... uh yee...
Quelli che San Valentino non conta niente ma si aspettano il regalo e se il regalo non arriva se la prendono a morte e non parlano più per una settimana... uh yee, uh yee... Anche per due settimane... uh yee, uh yee...

Quelli che si lasciano prima per non doversi lasciare a San Valentino... uh yee...
Quelli che vengono lasciati a San Valentino e non capiscono perché... uh yee...

Quelli che lasciano perché non possono stare in due ristoranti diversi la stessa sera, quelli che si riprendono a San Valentino per poter andare fuori, quelli che si riprendono per avere il regalo, quelli che si prendono e si lasciano tanto è lo stesso... uh yee, uh yee...

Quelli che non gli piace essere chiamati ex... uh yee...
Quelli che hanno tanti ex... uh yee...
Quelli che fanno gli auguri anche agli ex, quelli che fanno l'amore con gli ex, quelli che da quando sei ex sei molto più dolce, quelli che ci hanno messo una pietra sopra e ne mettono un'altra a San Valentino, quelli che non vanno al ristorante per paura di trovare l'ex... uh yee, uh yee...

Quelli che sono soli a San Valentino e si fanno il regalo da sé ... uh yee...
Quelli che sono soli perché non si sono mai innamorati... uh yee...
Quelli che sono soli e dicono meglio da soli che male accompagnati e si accompagnano da soli ma stanno male e non se lo possono perdonare... uh yee, uh yee...

Quelli che sono convinti che San Valentino è la Befana che porta dolci o carbone... uh yee...
Quelli che credono che è un altro Babbo Natale e non si spiegano perché arrivi a febbraio... uh yee...
Quelli che non credono a Babbo Natale, quelli che non credono alla Befana, quelli che non credono a San Valentino, quelli che si domandano da dove viene San Valentino... uh yee, uh yee...

Quelli che si chiedono perché San Valentino... uh yee...
Quelli che si chiedono cosa è l'amore... uh yee...

Quelli che solo loro sanno cosa è l'amore, quelli che sono loro sanno cos'è l'amore, quelli che solo loro sanno cos'è l'amore... uh yee, uh yee...

Beethoven

Tu Beethoven componevi musica e sinfonie
e le regalavi al cuore degli uomini
questi costruiscono bombe e falsità
e le buttano sulle teste degli uomini,
tu Cristo seminavi amore e fratellanza
e li portavi a piedi nudi tra gli uomini
questi covano odio e distruzione
e li mandano ovunque su ali di metallo.

E gli uomini ascoltano
musica e falsità
amore ed odio
distruzione e fratellanza
gli uomini ascoltano
e non riconoscono le differenze
e fanno entrare l'odio nel cuore
e bramano la distruzione dei fratelli.

La sposa

La sposa sogna l'abito più bello
per il giorno della sua festa
il momento del suo ingresso
nell'universo della vita.

Ho sposato tutti i giorni la vita
con i miei vestiti migliori
intessuti di amore e devozione
per ogni gemma che si apre.

Ho messo l'abito bianco
anche quando ho trovato catrame
e legno arso, quando la vita
aspra mi ha mostrato rovi spinosi.La croce
Ti vedo lì sulla croce
fermo da infiniti anni,
con i chiodi nei polsi e sangue nel costato,
cosa ci fai ancora lì
perché non scendi e parli?

Ma sei un pezzo di legno
in mano ai dottori della legge,
un forte deterrente per avvisare noi:
guarda come vai a finire
se non la smetti di parlare.

Un giro di walzer

Un giro di walzer è la vita
e se lo balli bene è molto eccitante,
quando scegli la compagna che subito ti sorride
e balli tanto che alla fine sei stanco e soddisfatto,
e finito il giro le offri il braccio
per tornare al posto a riprendere fiato.

Ma se non trovi il coraggio di invitare la dama
o se la dama aspetta un altro cavaliere
o se hai scarpe troppo nuove e scivolose
o se hai piedi nervosi e impazienti
non inizi mai il giro o quando inizi è già finito.
O balli penosamente e non vedi l'ora di finirla.

Finalmente piove

Abbiamo atteso molto questa pioggia
passeggiando tra le foglie gialle e secche
costeggiando il fiume sempre più magro,
un pensiero di tanto in tanto ci diceva
che qualcosa non era del tutto regolare.

Abbiamo atteso molto questa pioggia
quando il fiume mostrava a tratti il fondo
con ritrovamenti di oggetti annegati
come i ricordi dei nostri passati amori,
ben venga l'acqua a dissipare l'ansia.

L'animalità

Vogliono scrollarsi di dosso l'animalità
i filosofi delle correnti scientiste
e apportare correzioni geniche
a questo fardello di cromosomi
che ci portiamo appresso e ci dona.

Rinnegano il contatto di pelle
li ripugna un sesso preciso
si indignano se una scintilla
scocca nell'orda di pensieri
di un cervello ancora troppo animale.

Sarà solo amore il contatto di becchi
di due uccelli in rito di coppia
sarà solo sesso il pararsi della femmina
ad accogliere il maschio
ma è l'amore che ha creato la scienza.

Vogliono scrollarsi di dosso l'amore
i nuovi filosofi ignoranti di scienza
che vanno a cercare a miliardi
di anni luce il segno e il senso
della vita animale che non sanno più vivere.

Un giorno che non chiede niente

E' un giorno che non ti chiede niente
e ti lascia libero di andare
seguendo solo l'impulso del momento
a volte seguendo la corrente
altre controvento.
E' un giorno che non chiede niente
e ti lascia libero di fare
una cosa che ti piace
o soltanto ti diverte
non importa a cosa serve.
Come un cane a cui per qualche ragione
è caduto il guinzaglio
e si trova a potersi muovere
senza il freno della corda che lo lega
al palo a cui fare la guardia.
Improvvisamente sente odori nell'aria
li cattura col naso
e li segue tra i cespugli e gli alberi
e si trova in mezzo al bosco
con altri odori che vengono dalle tane.
E dopo essere rimasto fermo in mezzo al bosco
ti chiedi cosa fare e dove andare
ti giri attorno a cercare la tua corda
perché senza quella non servi a niente,
è un giorno che ti regala il senso di essere niente.

Quando il dolore

Quando il dolore diventa il tuo carceriere
devi per forza scendere a patti con lui,
devi imparare a conoscerlo
anche negli aspetti più incresciosi
per rendere la convivenza meno faticosa.
Non puoi far finta di ignorarlo
perché mentre la tua forza ha un limite
la sua costanza viceversa è senza fine
e appena tu abbassi la guardia
lui riappare insolente e senza tregua.
Devi perciò anche imparare
a prenderti la tua ora d'aria
con intrugli e pozioni
pur di tenerlo un po' lontano
e riuscire a respirare.
Poi troverai decine di maestri improvvisati
che vorranno insegnarti ad affrontare il dolore
con coscienza e rassegnazione
come se questo potesse rendere
migliore la tua vita dolorosa.
Quando il dolore diventa il tuo carceriere
la tua cella è disegnata dai gesti
che puoi ancora fare, modificati
in modo da allentare la sua presa
e azzardare un passo più in là.
Quando ti fa male l'anima
e il dolore diventa il tuo carceriere
non puoi ignorarlo, è sempre lì,
puoi far finta di niente e sorridere a tutti,
ma il senso della vita addolorata è sempre là.
E troverai decine di maestri improvvisati

che vorranno parlarti delle loro liturgie
per insegnarti a vivere, ma tu la vita ce l'hai dentro
e il dolore ti viene da tutte le promesse
fatte con inganno e mai mantenute.

Il mostro con cento teste

Un essere informe con innumerevoli teste
sparse su tutto il corpo
e ognuna di esse è convinta di essere
la sola a pensare e mal sopporta le altre.
Guarda il sole rosso e si convince
che solo lei ha visto il motore
di tutte le cose solo lei
ha la potenza per capire.
Prova vertigine sulla muraglia
guardando l'abisso
e si convince che solo lei ha l'esperienza
del mondo che diviene.
Cento teste dello stesso mostro
cento teste tutte uguali
e nessuna sospetta che ognuna
ha visto lo stesso sole rosso.
Il mostro umano è cresciuto a dismisura
sotto la guida di una testa una volta
e di un'altra testa un'altra volta
ognuna convinta di essere la sola testa.
Il mostro umano ha invaso il mondo
e dieci miliardi di teste
valutano il corpo a proprio modo
come se fosse solo il proprio.
Il corto circuito è avvenuto
e ha preso il sopravvento
e ha condotto alla minaccia d'amore
e al consenso di morte.
Il mostro con cento teste
brancola nel vuoto e vacilla
perché ogni testa non riconosce le altre

e non rispetta la loro essenza.
Perché la testa ha perso il freno
non riconosce più il comando
di fermarsi allo stop, per essa non vale,
e si sente legittimata ad andare oltre.
Con un solo gesto annulla
le regole scritte nelle tavole sacre
perché sarà essa a dettare
i nuovi comandamenti.
Il mostro dalle cento teste
non rispetta i comandamenti
ma ogni testa ha il suo comandamento
che pretende di infliggere al corpo del mostro.

Storta

Oggi nata è una storta giornata
nata storta da una torta bruciata
filata per strade strette e tortuose stirata
come la maglia incagliata a una spina di rovo.
Il temporale preavvisato dal tuono
fragoroso e potente come il dente
del rinoceronte o bisonte
la zampa d'elefante opprimente.
Pressato sul collo dal fiato rovente
dallo sguardo avvilito di un domani assente
ballottato di qua e di là
senza il tempo di capire il presente.
Storta nata la giornata segnata
di spicchi di sole tra vuoti di mente
e non passa incagliata nel dente
d'una rosa sfogliata di rovo morente.

Memoria volatile

E si stupiscono quando la memoria volatile
vola
e quando l'anima fragile
si rompe
e quando a tentare il tutto per tutto
resta niente.
Erano parole, sì, solo parole
chiare
che portavano un senso
scuro
ma la mente annuvolata dalla stupefacenza
non capiva.
Abbiamo impiegato millenni a distinguere
il bene dal male
milioni di passaggi di menti per comprendere
il chiaro e lo scuro
poi ecco gli improvvisati pensatori a confondere
il falso con il vero.

Gli ossi

Al cane hai rubato gli ossi
nella tua ingordigia profonda
all'assetato hai tolto l'acqua
per riempire la tua gola fonda.

Ti sei girato attorno
e hai lanciato occhiate di odio
e strali per immobilizzare
gli abitanti della tua vicina sfera.

Hai voluto ancora tutto per te
non hai lasciato un osso
non hai concesso un sorso
per riempire la tua massa informe.

Nonostante tutto il tuo razziare
sei sempre un cane in cerca d'osso
sei ancora un arso con sete d'acqua
sei ancora un essere senza forma.

Tale resterai per sempre
tale sarai fino alla fine dei tuoi giorni
tutta la vita non sarai mai pago
perché non avrai mai chiaro il fine.

Voglia di Cristo

Sempre invocato
e sempre sconosciuto
cercano Cristo
o si sentono Cristo
appena vanno in affanno
con le proprie certezze
che non danno la pace
inseguono la pace
sempre guerriglieri
per forza sanguinari
ordinano di tacere
non proni ad ascoltare
ma vogliono la pace
chiedono la pace
che può venire
solo dalla resa
dalla coscienza
che l'egoistico fare
mette su una strada
che non ha la direzione
che porta alla pace.

La magia del Natale

Magico Natale
si celebra la rinascita
del Gesù figlio di Dio
si celebra il bambino
che porta la pace nel mondo.

Magico Natale
la grotta addobbata
o addirittura riempita
con attori viventi
è solo una rappresentazione.

Si cerca intensamente il Natale
si spera nella rinascita
del bambino fonte di vita
che guidi l'intera umanità
nella zuffa della vita.

Far rinascere il bambino
per ricominciare a vivere sereni
senza cadere nelle facili mode
della prepotenza e dell'egoismo
del disinteresse e del piacere losco.

Il bambino

Il bambino nella grotta innocente
alternato ricordo
di momenti passati o sognati.

Chi è quel bambino nella grotta
che vai ancora una volta
a cercare per farlo tornare?

Il bambino dalla mente sgombra
e dai pensieri sciolti e puliti
e dai sentimenti immacolati.

Il bambino nella grotta speranza
di salvezza, ora che sei preda
di sentimenti alterati.

Sei tu quel bambino
nella culla dondolato
quello che eri e vagamente ricordi.

Il bambino nella grotta innocente
che pure torna quest'anno
è la tua speranza di tornare.

Quando i tuoi sentimenti immacolati
toccavano ancora il piacere
della bontà e della semplicità.
Guardati lì dentro al presepe
capisci che sei tu quel bambino
che vai a cercare, sei tu la speranza.

La tua speranza di tornare
per poter ricominciare daccapo
tenendo lontani i sentimenti alterati.

E ancora una volta saluti quel bambino
e lo lasci nella grotta, è troppo difficile
per te tornare a lui.

E aspetti un altro natale.

Paura dell'amore

Hai paura del mio amore
troppo impegnativo
per una che ha bisogno
di sentire se stessa
libera nella propria bellezza.

Ti guardi e riguardi allo specchio
con il trucco perfetto
e il corpo affinato
da continua palestra
e immancabile dieta.

Una foto e una ancora
per fermare la bellezza
e mostrarla al mondo,
una foto di molta malizia
dentro una posa di finta innocenza.

Ti senti bellissima e libera
ma la tua libertà è
mostrarti di sesso appetibile
a uomini incerti spettatori
tenuti lontano.

Hai paura del mio amore
che vuole spezzare
la distanza per sentire
un fremito di piacere

nel prendersi per mano.

Sei entrata a capofitto
nella schiavitù
della bellezza del corpo
inseguendo stampi di ideali
da altri per te disegnati.

Hai paura del mio amore
che guarda solo dentro
all'anima nel tuo corpo
per scoprire in te
la bellezza dell'amore.

Non avrai più paura
quando getterai le maschere
per incontrare te stessa
con l'andare oltre il corpo
e sarai bellissima d'amore.

Ho visto una bocca

Ho visto una bocca pastosa
di colore rosso scarlatto
muoversi sinuosa e suadente
nel pronunciare parole adatte
a creare un erotismo intrigante,
ma non è la tua bocca
e non sono le tue parole,
quelle che sanno dire il mio nome
nel modo intimo a noi soli.

E' intrigante il tuo viso genuino
che si esprime con mimica dolce
per dirmi che ogni instante mi senti.
Vedo strana quella bocca colorata
e mi chiedo cosa voglia dire
con parole inventate a dipingere
situazioni erotiche da cinema,
erotico è per me solo il tuo gesto
che mi giunge per onde speciali
e dice che mi aspetti
che desideri me e le mie carezze.

Con te faremo

Con te faremo cosa mai fatta prima.
La faremo nel giorno in cui si festeggia il santo,
quando si cerca di dare un nuovo nome
all'amore di tutti i giorni,
un nome speciale a gesti normali.
Quel giorno si cerca l'immenso
e lo si chiama amore,
visioni speciali per un amore normale.
Con te faremo sola cosa mai fatta prima,
apriremo gli occhi e li terremo aperti
l'uno di fronte all'altra fissi
ci guarderemo in fondo levando ogni tenda
liberi di guardare e di farci guardare.
E quella sarà la visione immensa:
l'apparirti tuo nel mio essere normale
e vederti mia come sei, sempre speciale.

Vista illusa

Avevo una vista illusa
che con gli anni è calata
per finire in una vista delusa
che vede solo nei pressi:
fino al prossimo pasto
o all'uscita più vicina.

Avevo una vita illusa
dalle fiabe colorate
è restata una vita delusa
dai racconti in bianco e nero
di persone labilmente presenti
mai ferme ad ascoltare.

Ero illuso ed entusiasta
ma non c'era nessuno
su cui contare
ora che tutti contano
al massimo fino a uno
ovvero fino a se stessi.

Profeti silenziosi

Si ripresentano nei secoli le facce
degli uomini creati per la cura della specie,
quegli uomini preziosi.

Ricevono le consegne quando sono in fasce
per l'impegno che avranno nella vita,
una vita segnata.

Sono preti, sono leader, sono luce
che diffondono parole di stampo antico,
nomate parole d'amore.

Sono persone che hanno sulla faccia
il segno di ciò per cui sono stati mandati,
l'aspetto feroce.

La ferocia contro gli uomini venuti male,
quelli sempre al primo posto a prendere,
mai propensi a dare.

Guardo allo specchio e non vedo la mia faccia
vedo i segni di mille profeti passati,
segni del tempo comune.

Guardo le persone di pace sparse nel mondo
e sui loro visi ritrovo i segni dei secoli,
sui visi dei profeti silenziosi.

La vita strappata

La vita è quella strappata alla terra
con mani ferite, quella del muschio
che entra tra le crepe delle montagne,
quella strappata al mare impetuoso
con bracciate convulse, quella dell'uccello
che s'alza nel cielo battendo le ali.

La vita è quella che si rischia ogni giorno
di dovere abbandonare
è quella che si guadagna con la tenacia
tra un crollo e un dispiacere
quella che si aspetta con trepida attesa
e si assapora in un attimo infinito.

La vita è quella che resiste sotto le macerie
di case crollate, quella che si protegge
con una boccata d'aria sul pelo dell'acqua,
è quella che si manda avanti ogni giorno
curando e prendendo per mano
chi è troppo debole per farcela da solo.

Altri salgono sul tappeto volante
e sfiorano la vita dall'alto
controllando i numeri delle transazioni
contando i soldi che mettono da parte
premendo i bottoni per determinare
chi salvare e chi lasciare affogare.

Credono di vivere masticando paglia
e bevendo vino scarso di sapore,
evitando di toccare e di toccarsi

per paura di ammalarsi,
per paura dell'amore,
affannati ad aggiungere vani giorni
ad un'esistenza surrogata.

Il cassetto

Ho bruciato o buttato nei rifiuti
le lettere che custodivo nel cassetto,
quelle che lei mi aveva mandato
in risposta alla mie, inviate
per dirle che l'amavo,
che continuavo ad amarla.

Lei no, lei tentennava,
un po' pareva contenta
un po' non gliene importava
ma poi sposò un uomo quasi costretta
dopo avermi cortesemente chiesto
se per caso l'amavo ancora.

Ma non era quello l'amore
non era quello che volevo
e le chiedevo in quelle lettere,
le mostravo il cuore nudo
nella speranza che lei
potesse innamorarsene.

Le ho custodite caramente
perché erano parte del mio cuore
ferito senza rimedio.
E se le ferite sembrano sanarsi
resta per sempre la cicatrice dura
e resta il danno a un cuore malato.

Ho vissuto nei tempi andati
da invalido di cuore,
invalido in amore,

e pur provando a volte
a rimettere in moto il cuore
esso girava ad un ritmo instabile.

Aveva il passo incerto e claudicante
per le ferite sofferte.
Raccontate da quelle lettere.
Poi finalmente le ho bruciate
o le ho buttate nei rifiuti, non ricordo.
E con esse il cuore, invalido in amore.

La libertà

Prova a salire al cielo
tu che reclami con voce grossa
e presunzione di essere libero
e di non poter mai rinunciare
alla tua libertà né volerlo.

Prova a sollevarti da terra
e seguire la luce del sole
tu che ti credi libero
in tutte le tue molecole,
tu che rinneghi ogni legame.

Fai un salto, prova ad alzarti
almeno come un uccello
ad altezze discrete
prova a toccare la cima
o fin dove riesci.

Non ne puoi essere capace,
una mano ti tira pesantemente
giù sulla nuda terra.
La terra ti trattiene
con la sua immensa forza.

Sei solo un oggetto terreno,
una minuscola parte della terra,
tu solo particella di terra,
la tua vantata libertà

non ti aiuta ad essere altro.

Prova a volare in alto con i pensieri
libero di avere le tue idee
cerca di spaziare con i desideri,
cerca di volare nel mondo
dove nessuno ti obbliga e trattiene.

Non puoi, non ne sei capace,
ogni volere parte da tiri di stomaco
o da pulsioni di sesso,
ogni desiderio senza infinito
ti riporta nelle viscere della madre terra.

La perfezione

Dio è perfetto
e la morte porta a Dio,
la morte è perfetta,
noi che ci crogioliamo
in questo mondo imperfetto
con mire di perfezione
facciamo ridere,
facciamo ridere Dio.

Facciamo ridere Dio
quando costruiamo
armi perfette
per compiere stragi,
quando progettiamo
macchine perfette
per abbagliare le menti
con realtà immaginarie.

E non mi biasimate dunque
se mi muovo
con mire di imperfezione
voglio sperare solo
di essere meno provvisorio,
e non ho pretese
di uccidere qualcuno
né di abbagliare con le mie parole.

E quando la morte
mi prenderà per conto suo
non opporrò resistenza
perché non avrò conti da chiudere

né imprese da celebrare,
allora anch'io
potrò finalmente sentire
di essere nella perfezione.

Non sono un genio

Non sono un genio
l'ho sempre detto
sono solo uno
che ha teso l'orecchio attento
verso le proprie domande.

Non sono un veggente
l'ho sempre saputo
sono solo uno
che ha sollevato il telo
steso sul tesoro del sapere.

Non sono un santo
l'ho sempre detto
sono solo uno
che non rifugge gli occhi
di chi chiede una mano.

Eppure sono semplicemente
straordinario perché
ho rispettato me stesso
ho rispettato il sapere
ho rispettato gli altri.

Senza la paura di morire,
perché chi rispetta la vita
rispetta oltremodo la morte.
E continuo a vivere strenuamente
nella visione della morte che verrà.

Royal blu

Quando indossi royal blu sembri un re
solo se realmente sei un re,
quando si incontrano forma ed essenza
si avvera la perfezione.

Quando sei sulla fune tesa sull'abisso
e tieni l'equilibrio con passi sicuri
concentrando te stesso nel tuo baricentro
inali il profumo dell'altissimo.

Dura un attimo la perfezione,
quell'attimo che non termina mai,
come non termina il ricordo
di quella volta in cui sei stato perfetto.

Il miracolo

Quel dottore ha fatto il miracolo
ha compiuto un intervento portentoso
salvando la vita al paziente,
osanna al dottore miracoloso.

Quel dottore ha sbagliato tutto
ha fatto un intervento sbagliato
che ha portato alla morte il paziente,
in galera il dottore caduto in errore.

Quanto è povera la gente che non sa,
non sa che tutti e due quei dottori
hanno fatto lo stesso intervento
dovendo affrontare un rischio.

Quanto è povero il giudice che non sa,
il rischio era necessario
per portare a termine l'intervento
non si poteva fare altro né tornare indietro.

Quanto è gramo e strano il destino
per il dottore che ha fatto l'intervento
e ha tagliato, l'unica cosa che poteva fare,
avendo cinquanta probabilità di riuscire.

Quanto stupida è la gente
che non capisce e non vede niente
e osanna il medico che ha vinto con la sorte
e condanna il medico che ha perso.

L'atomica

Scoppia l'atomica
e il tuo corpo diventa all'istante vapore,
atomi che si perdono nell'entropia dell'universo,
molecole d'acqua e carbonio anche il pensiero
svanito nel nulla, scomposto
negli elettroni dispersi
dalla materia cerebrale.
Può accadere.
E allora, stai ancora a domandarti
cosa vale e cosa non vale?
Ancora ti ostini a credere bello il creato?
Quel senso di bello svanito all'istante con te?
Ossicini e penne, pieghe di carne e acqua
formano il creato, fiori che crescono
e bocche che li mangiano,
e il pensiero vi alberga, in esso
il nostro senso dell'infinito,
tutto evapora come le molecole di carne,
e non resta nemmeno negli atomi dispersi.

Vita verticale

Hai scelto di vivere una vita verticale
quella che non può fare a meno
di avere sempre presente il passato
perché indichi la corretta via
per il tempo che verrà.
Per te e per gli altri.

Gli altri che vivono una vita orizzontale
fatta di contatti tra gli uomini
che guardano solo l'orizzonte
per decidere di andare di qua o di là
a cercare il modo più bello di vivere
o di stare meglio.

Per loro il bello è avere
qualcosa da mangiare
o un gioco da fare,
per loro il male è scontrarsi
con altri uomini che concorrono
per gli stessi godimenti.

Nella tua vita verticale
i passi si susseguono
su ripidi scalini ,
il solo godimento
è il tuo difficile cammino,
il tuo dolore è restare fermo.

L'appagamento

Quello che i soldi non danno
quello che i beni rubati non possono dare
è il piacere che segue perentorio
a un momento maturato dalla natura,
rimanere disteso sopra il letto
con una gamba sulla sua gamba
con una mano sul suo seno
a riprendersi dopo un amplesso d'amore,
ripensare tutto il giorno al piacere
che ha dato un momento d'amore.

Volere di più, volere tutto
porta solo al possesso
e l'insulso magro piacere
di avere nelle proprie mani
ciò che ad altri genera piacere
a sé solo il senso di avere.
La stupida mente
non comprende come sia possibile,
non riesce a capire che il senso del fare
è riuscire a godere, non barbaramente avere.

Libero

Quando dico libero
voglio intendere
libero dagli uomini
libero di andare e venire
senza chiedere permesso
libero di entrare
senza chiedere favori
libero di uscire
senza avere malincuore.

La libertà che vogliamo
è proprio quella
la libertà dalle prigioni
di rapporti nei quali
entriamo a nostre spese
sicuri di poter sempre pagare il conto
e invece poi spesso
ci accorgiamo
di non avere abbastanza forza.

Allora soffriamo
vorremmo andare
ma non abbiamo sostanza
per uscire
da quella relazione
e per scelta e per necessità
rimaniamo fermi

e non ci sentiamo liberi
di varcare quella porta aperta.

Girano i dadi

Girano i dadi nella tazza
ruotano sbattuti tra loro
girano i dadi sotto le spinte
delle mani mescolanti.

Sono in attesa del numero
che verrà emesso dai dadi
aspetto con trepidezza
di sapere quello che sarà.

Girano i dadi mossi dalle mani
del distributore di fato
girano più forte e poi
finalmente spianati sul tavolo.

Guardo il numero
che mi portano i dadi
guardo il destino
che per me sarà.

Ripenso a quei numeri
e alla vita che per me è stata
come chiodi nel legno quei numeri
l'anno determinata.

Luce

Eravamo luce e torneremo luce.
In questo frangente polveroso
in cui ci troviamo ad esistere
con un nome e un cognome
e con un volto e delle fattezze
siamo niente e figli dell'universo
siamo niente e padroni dell'universo
scombussolati dall'assoluta incoscienza
in cerca di una coscienza.

E diamo valore ai nomi
che noi abbiamo assegnato
e accreditiamo bellezza
alle fattezze che abbiamo riscontrato
e vibriamo nell'armonia delle note
che le corde hanno vibrato nelle nostre mani
e affermiamo diritti universali
di libertà e di giustizia
modellati per noi.

Siamo pienamente immersi
in questo mondo opaco
e scaviamo fossi tra noi e gli altri,
quelli che sono al di fuori di noi,
che non fanno parte della nostra vita
ma occupano gli stessi spazi
e ci girano attorno, e non consideriamo

che sono polvere e materia come noi,
momento buio della stessa luce.

Le scatole del cuore

Avventurarsi negli anfratti
del proprio cuore
può portare grandi sorprese,
lontani ricordi,
come quel lamento insano
'figli, figli miei'
e il tuo animo spaventato,
atterrito da eventi
senza spiegazione,
tra la madre e il padre
litigi e pianti, offese
e impulsi a fatica repressi
di istintiva violenza.
Impotenza provava
il tuo cuore, essere niente.
Ora che sai di essere qualcosa,
ora che sei vecchio
e hai le tue gambe per camminare
puoi visitare quelle scatole
del cuore, sigillate per tanto tempo,
senza farti troppo male.
Ora puoi capire quei lamenti
di persone impotenti,
quelle battaglie incontrollabili
tra persone che non sapevano,
non sapevano per loro.
E non consideravano che stavano

calpestando il tuo cuore.

Il rosso e il nero

Il rosso per andare
il nero per tornare.
Energico e implacabile
il rosso trascina
nelle pieghe della vita
a cercare un altro posto
e a fare un altro disegno.
Vinto e dimesso
il nero ti libera
di tutto il superfluo
che hai accumulato
e ti riporta al tuo posto.
E' stato bello andare
è stato bello fare
ma inutile
se non a farti stremare
quei giorni che hai corso
a farti tremare
quei giorni che sei scivolato
a farti gridare
quei giorni che hai goduto.
E' stato bello vivere
ma è stato solo quello.

Gioco

Gioco sulla sabbia bagnata
accanto al mare che la accarezza,
mi trastullo a vedere le orme
che lasciano i miei piedi
in breve appianate
dall'acqua del mare che torna.

La sabbia rimane liscia
come le mia mente usata
e forse è tutto qua,
flusso e riflusso continuo
cambio di mano
da un vecchio che muore
a un giovane che nasce.

L'illusione di essere
parte importante del gioco,
piede che lascia l'impronta,
il credo di essere in un gioco eterno
e di esso una parte indelebile,
e invece essere qualcosa o qualcuno
solo in un piccolo tempo privato
parte di un gioco momentaneo,
un frutto di stagione.

Chiedo scusa

Chiedo scusa alle donne
innamorate di me
senza il mio ritorno.
Non sono in grado di spiegare,
potrei deludere
dicendo che non me ne ero accorto,
potrei offendere
se dicessi che non mi piacevano
poteri adulare
se non mi sentivo abbastanza per loro
potrei umiliare
se non le sentivo abbastanza per me.
Potrei giustificarmi
dicendo che anch'io ho amato
senza ritorno.
Ma niente di ciò sarebbe vero.
Il fatto è che siamo solo onde nello spazio
che corrono parallele
e non possono toccarsi
ma solo salutarsi e sorridersi
come passeggeri di treni diversi,
a volte sfiorarsi.
Ma capita a volte che le onde
viaggino in direzione opposta
e allora si scontrano
ed entrano l'una nell'altra.
Ho cercato sempre la mia onda

uguale e contraria
qualcuna l'ho incrociata di striscio
ma non mi sono mai scontrato
o forse ho avuto paura di morire
o forse sono morto nello schianto.

Il bacio

E' meglio che questo bacio
lo dia oggi
oggi che sento di darlo.

Domani la tua bocca
sarà chiusa,
domani ti chiederai perché.

Perché non ti ha baciata
quel giorno
che eri ferma ad aspettarmi.

Figli del pavimento

La gente nata in casa
e allevata nell'appartamento
non sa cosa è la terra.
Il bimbo che ha mosso i suoi passi
su un pavimento di lastre lucide
o di morbidi tappeti
non sa come sono fatti
le zolle d'argilla
e i ciuffi d'erba tra le pietre.
Il bimbo che va a cercare in un frigo
la bibita per secondare la voglia di bere
non sa cosa sono la sete d'acqua
e il sudore sulla fronte
e il gusto dell'acqua
che scroscia dalla fonte.
Il bimbo che lava nella vasca
un corpo già pulito
per sentirsi sempre profumato
non sa cosa è il manto impolverato di un cavallo
e lo sterco seminato sulla strada
e non osa sfiorare la peluria
di un gattino appena nato.
Bimbi così crescono
sentendosi figli delle case
e dei rubinetti che portano acqua
e dei fili che portano luce
e delle canne che portano gas

e degli schermi che mostrano video
e dei telefoni che portano messaggi,
non sanno e non sapranno mai
che sono figli dei figli
dei Sumeri e dei Romani,
di quelli che inventarono la ruota
e di quelli che costruirono le strade.

Le zecche

Non provare pietà per le zecche
e per i pidocchi,
liberati da essi
senza timore di fargli del male,
perché troveranno certamente
un altro cane
a cui attaccarsi.
Usa la tua pietà
verso coloro che non chiedono
per orgoglio e dignità,
verso coloro che si battono
ogni giorno
per superare ostacoli
imposti dalla sorte ostile
o dall'uomo avverso.
I parassiti piangono
per ostacoli immaginari
per paura o ignoranza
per disprezzo o arroganza
le zecche vogliono solo seguire
la via più breve
e suggere sangue di altri
senza consumare il proprio.
Guarda bene nel mondo
cerca coloro che restano indietro
perché zoppi e arrancano
perché portano pesi troppo grossi

sulle proprie spalle
o perché abbandonati
come cani in autostrada
sono poco destri per potersela cavare.
Aiuta quelli, se puoi,
e ti saranno per sempre grati.
Le zecche mai,
hanno solo il senso della pretesa.

Cento gradi

A cento gradi l'acqua bolle.
Non serve chiamare chimici
e astrofisici per comprendere
il fenomeno e mettere in atto
le opportune contromisure.

E' qualcosa che è al di sopra
della tua portata di uomo
presuntuoso e saccente.

A zero gradi l'acqua ghiaccia.

E tu che avevi fatto i piani
per una vita vacanziera
sarai disturbato
dal ghiaccio e dal vapore
e darai la colpa all'acqua.

E non a te che banalmente
sei un ottuso sapientone
ovvero un coglione.

Senza sogni da sognare

Giovani lasciati senza sogni da sognare
da frettolosi genitori
che hanno raccontato la favola
partendo dalla fine.

Genitori senza orizzonti
che hanno vissuto nelle favole
girando a caso tra le pagine
come se non ci fosse una fine.

Ora niente ha più sapore,
non ne hanno le patatine
mangiate a colazione, non il sesso
senza alcuna relazione.

Andare al cinema per prendere i popcorn,
prendere il giornale per vedere gli annunci,
andare a scuola per incontrare persone,
cercare una figa per la voglia di scopare.

Ancora

Ancora, chiedono, ancora
come i bambini a bocca aperta
dopo avere ascoltato il racconto
e chiedono di ascoltarlo ancora.

Ancora, chiedono lumi sulla vita
e non gli è bastato sentire
che si nasce e si muore
e quel tempo in mezzo è la vita.

Cercano nel profondo
dell'inconscio e dell'universo
ascoltano sirene e sermoni
e dopo chiedono ancora.

Tutto non basta,
come non basta sapere
che si nasce e si muore
e il tempo in mezzo è la vita.

Un filosofo

Uno che sta sempre a pensare
e cerca le ragioni di ogni fenomeno,
si adopera a distinguere per ogni cosa
il vero dall'apparente,
non confonde il piacere del sapere
con il piacere mentale dell'io sapiente.

Il filosofo ha la visione del mondo
e in essa si nuove con la sua essenza,
e non cerca mai il punto di partenza
nella costruzione della propria mente
ma lo cerca con grande sacrificio
nel profondo del pensiero.

Un filosofo sa di non essere niente
e che il suo pensiero è solo il rispecchiare
di quanto vedono occhi ciechi
e attaccati al mondo che gli è vicino,
un filosofo sa che il pensare l'eterno
è diverso dall'universo che è il solo eterno.

Platone

L'hai fatta grossa, Platone,
con il tuo errore logico
che ha messo il carro davanti ai buoi,
dopo di te tutti sono saliti sul carro
costringendo i buoi a spingere,
invece che a tirare,
nella maniera a loro più consona.
Ma da dove ti è venuta l'idea
che ci possa essere l'idea dell'idea?
Non ti pareva strano?
No, a quanto pare no.
E allora forza a sostenere
il dio creatore
l'unico generatore primigenio
di idee a fare da stampo al creato.
E allora forza a sostenere
lo spirito immanente e vitale
come se l'universo potesse avere
lo stesso spirito dell'uomo cavernicolo
abitante di un pezzo di terra.
In tanti ti sono grati,
soprattutto quelli
che si sono appropriati
dell'idea del dio creatore
facendola propria
e adoperandola ai propri fini.

Pensiero

Macropensiero
pensiero
micropensiero.
Il macropensiero
come un albero
erige dal suo fusto
i rami di pensiero
e da questi nascono
rami più piccoli
di micropensiero.
Il pensiero ci avvolge.
Noi siamo solo foglie
appese a quei rami
e quello che avvertiamo
come nostro pensare
è solo nanopensiero,
quello che ci serve
per la nostra vita quotidiana.
A volte riusciamo a specchiare
brandelli di micropensiero,
a volte arriviamo
a seguire il pensiero,
difficilmente ci approssimiamo
al macropensiero.
Che però è il solo
che può spiegare tutto.

Let's rock

Gli imperi hanno tutti fallito
e anche il nostro è destinato a farlo
tra morti e pazzie.
Non resterà che separare
le macerie dai semi di vita
e riprendere a coltivarli.
E allora, let's rock.

Il nostro impero interiore
prima o poi crollerà
di fronte alle nuove esigenze.
Non ci resta che occupare
lo spicchio di spazio
che la natura ancora ci riserva.
E allora, let's rock.

La nostra vita
sempre in parte velata dal mistero
ci appare ora chiara e grama.
Il mistero sono occhi chiusi
che non vogliono vedere
per la paura di piangere.
Ma no, let's rock.

Ci resta la nostra vita
che riusciamo a percorrere
anche con gambe zoppe.
Il nostro respiro corto
che ci obbliga a fermarci
ogni tanto a riprendere fiato.
Let's rock, anche con l'ultimo fiato.

La puttana

Anche se la pagate
la puttana
e questo vi fa credere
che lei debba ringraziare voi
non le avrete mai dato abbastanza.

Anche se non riuscite a capire
che dovreste inchinarvi
di fronte a chi accetta
di darvi la propria vita
in cambio di inutili pezzi di carta.

Anche se andate via
ancora gocciolanti di sperma
con l'idea di avere
speso bene i vostri soldi
e correte via come ladri.

Anche se pagate
il prezzo del libro
che scrive per voi la puttana
e accetta di farvelo leggere
in cambio di un inutile pezzo di carta.

Anche se onorate
della vostra presenza
il presepio vivente allestito dai magi
e vi intenerite di fronte a un bambino
che nasce per voi un'altra volta.

Non capite che gli altri

vi dispensano doni
in ogni momento
e non avrete mai modo
di ripagarli abbastanza.

Non ci sono stalle

Non ci sono stalle
ad accoglierti nel freddo
non ci sono stelle
a mostrare il tuo arrivo,
macerie di case e taverne
riempiono le strade
lampi e saette
oscurano le stelle
tuoni e fragori
coprono i cori degli angeli.
Nessuno ti aspetta
nessuno ti vuole.
Hanno deciso
di fare a modo proprio
facendo valere
la forza della violenza
e distruggono la vita
per una riga di terra
e uccidono i figli
per prendere tutto.
Nessuno ti aspetta
nessuno ti vuole.
E allora eccomi
vieni da me.
Sarò io la tua stalla
dandoti dimora
sarò io la tua stella
mostrando che ci sei.

Dopo la morte

Dopo la morte c'è l'universo
stai tranquillo non sarà la fine
la tua morte l'universo continuerà
a girare non c'è mistero.

Tu bolla di sapone scintilla
di mola sul ferro avrai
finito la tua vita il mondo
non si chiederà dove sei andato.

La tua urgenza di conoscere dio
l'avrai spesa inutilmente aspettando
la fine con l'ingegno ingannato
dalla tua presunzione di infinito.

Il tuo infinito finisce appena oltre
i tuoi occhi limitati il tuo ingegno
rivolto agli uomini che consumano
amore producendo rifiuti umorali.

Aspetti la morte per conoscere
dio ma non sarà il tuo
dio morto con te con le tue cellule
organiche sarà il dio dell'universo.

Di quel dio sei una scintilla o una bolla
di sapone di cui mai nessun
giudizio terrà conto perché i mali
alle altre scintille finiranno con voi.

Il tuo dio ti condanna ogni giorno

ma tu non lo ascolti perché ignoto
al tuo vivere affannoso in cerca
di giustizia senza che tu sia giusto.

Lingua nuova

Ho imparato l'amore
come una lingua nuova
io di arida madre lingua
e lo parlo con parole appropriate
scelte con pedissequo impegno
ma mai sentite dal cuore.

Ho imparato l'amore
dalle persone che amavano
in modo assai naturale
come ballando una salsa
portati da un maestro invisibile
quale il suono d'orchestra.

Ho imparato l'amore
che si da alle persone attorno
che vengono da noi esigenti
parlando in lingua corretta
ballando con mosse appropriate
tanto da apparire un bravo amante.

Non ho imparato l'amore
che si riceve dagli altri
sempre apprensivo
con i ricordi di quelle promesse
che arrivavano a sfiorarmi
ma poi come il vento correvano via.

Il sole

Ogni giorno il sole arriva
puntuale a portare calore
e a muovere i venti

ma non credere che lo faccia per te
passeggero di poco conto
su questa terra intrisa di muffa,

il sole gira per niente
su traiettorie obbligate
il sole gira perché deve girare

e anche se ti colora il tramonto
di rossi che ti lasciano attonito
e sfumature che frenano il fiato

non versa colori nel cielo per te
spettatore casuale e diverso
non solleva nebbie per darti emozione

il sole scompare la sera
e ti lascia nel buio solo a pensare
a meditare sul tuo essere niente.

Se vuoi scappare

Se vuoi scappare scappa
se vuoi abbandonare abbandona
se vuoi smettere smetti

Se pensi che non valga la pena
perché poi tutto finisce
e va come deve andare

Se non ti basta stare qui
a non fare niente
se non respirare e pensare

Se vuoi essere tu per forza
quello che veste il panno
del re salvatore

Oppure prendi aria
a pieni polmoni e vai fuori
a scoprire l'altro che c'è nel mondo

Una bimba appena nata
a prendere il testimone della vita
partendo dal punto dove tu l'hai lasciata

La comprensione

La comprensione è un processo chimico
che si compie nella materia neuronale
e non può essere raffigurata da segni
né descritta con le parole.

E le metafore per dirti quello che sento
sono parole che ci girano attorno
e se ne dico tante ognuna sarà un limite
e se ne dico poche saranno le tue a sviarti.

Forse le parole pensate e ripensate
o un nuovo accadimento potranno finalmente
scatenare in te un processo chimico
che ti porterà alla comprensione.

E allora sarà tutto chiaro
le vie della mente saranno ampie
e porteranno lontano i pensieri chiari
ma tu con il tuo corpo triste sarai sempre lì.

L'impotenza

Era bello quando la vista di un seno
scatenava in te movimenti incontenibili
che sentivi come grande tensione
nella parte di te meno compresa.

Era bello quando la vista di uno sguardo
ti permetteva di entrare nell'animo
di un'altra persona e di sentirne i pensieri
come se fossero fusi con i tuoi.

Ora non hai più movimenti improvvisi
e se capita non ti danno emozione
anzi li senti pian piano svanire
perché non c'è più mistero o speranza.

Ora gli sguardi sono ciechi
e non trasportano più sentimenti
ma solo l'evidenza di persone lontane
che si affannano a vivere con i mezzi che hanno.

Il senso del male

E infine l'hai fatto
ora sei qua battezzato
a tutti gli effetti un essere vivente
hai preso l'anguilla al mercato
per farne il tuo pasto
non ti aspettavi che fosse viva
e superata la sorpresa
hai capito il gioco della commessa
che la muoveva con la mano
lei sapeva che era viva
ti sei fatto coraggio
hai affondato la lama
ed hai staccato la testa
l'hai fatto e non era la prima volta
ma allora con i conigli eri comandato
ora no sei stato tu a decidere
hai tolto la vita ad un essere vivente
eppure è stato un fatto normale
non è peccato
nessuno ti dirà mai niente
il bene e il male
è solo questione di opinione
e d'altra parte vedi tu stesso
che uccidere uomini è solo un lavoro
per chi lo deve fare
perché qualcuno ha deciso
che lo vuole fare.

Il motore è dentro

Il motore è dentro
la messa in moto è fuori
l'amore è nel cuore
l'attrazione è fuori
la vita è dentro
il sole è fuori.
Siamo mani protese
verso l'universo,
siamo nuclei di amore
che si irradia attorno.
La cappa sul cuore
soffoca l'amore.
Un richiamo invitante
mette in moto l'amore.

Uno che fa

Uno che fa
vale più di cento che parlano

uno che ti fa il giusto prezzo
vale più di cento che dicono
bisogna essere tutti più onesti
senza capire che l'onestà non ha gradi

uno che solleva una carta dalla strada
vale più di cento che dicono
occorre sensibilizzare alla pulizia
senza capire che la pulizia si sente

uno che si ferma ad ascoltarti
vale più di cento che dicono
dobbiamo chiedere a tutti di essere più sensibili
senza capire che la sensibilità è una pratica

uno che chiude un occhio davanti al tuo errore
vale più di cento che dicono
dobbiamo tutti essere più tolleranti
senza capire che la cattiveria va spenta

uno che ti fa una carezza per i tuoi occhi lucidi
vale più di cento che dicono
occorre che tutti diffondiamo l'amore
senza capire che l'amore sta nei gesti che si fanno.

Fine

Un'altra fine,
perché consumato
è questo episodio
della vita.

Episodio definito
da compagni di viaggio
e da qualche avventura,
che ora vanno via soli.

Mi si presenta davanti
la larga strada di curve
e incroci senza indicazioni
e la vita è seguirla.